HEYNE <

Nina Ruge

Alles wird gut

Beflügelnde Worte

WILHELM HEYNE VERLAG
MÜNCHEN

Ihr steht und sagt:
Warum?
Aber ich träume
und sage:
Warum nicht?

[GEORGE BERNARD SHAW]

Wem das Lächeln fehlt,
dem fehlt ein Flügel.

[TRUMAN CAPOTE]

Die meisten Menschen

brauchen sehr lang,

um *jung* zu werden.

[PABLO PICASSO]

RISIKO IST DIE

BUGWELLE

DES ERFOLGS.

[CARL AMERY]

ALLEINSEIN IST

DAS SALZ DES

MENSCHSEINS.

[MAY SARTON]

Die Dinge erfüllen sich,

an die man wirklich glaubt.

Der Glaube an etwas macht es geschehen.

[FRANK LLOYD WRIGHT]

Schwimmer *gegen* den Strom

dürfen nicht erwarten,

daß dieser die Richtung ändert.

[STANISLAW JERZY LEC]

Wir haben verlernt,
die Augen auf etwas
ruhen zu lassen.

[JEAN GIONO]

ZYNISMUS
ENTSTEHT, WENN
EIN HEISSES
GEFÜHL KALT
GEDUSCHT WIRD.

[ALBERTO SORDI]

Was immer du tun kannst

oder träumst es zu können,

fang damit an!

Mut hat Genie, Kraft

und Zauber in sich.

[JOHANN WOLFGANG VON GOETHE]

Hoffnung ist

der flotte, farbenfrohe Pyjama,

den wir uns über

die Beulen und Schrammen

des Tages ziehen.

[UNBEKANNT]

ES IST BESSER,
IN EINER WÜSTE WACH
ZU SEIN, ALS IN
EINEM PARADIES ZU
SCHLAFEN.

[WALDEMAR BONSELS]

Im Beet des
Erfolges blüht die
Verwegenheit.

[AUS ASIEN]

Wo die Angst ist, geht es lang.

[NINA RUGE]

An den Scheidewegen des Lebens stehen keine Hinweisschilder.

[CHARLIE CHAPLIN]

Die innere Stimme

ist bei den meisten Menschen

immer noch heiser.

[FRITZ KORTNER]

WENN ALLE RÄTSEL
GELÖST SIND,
DANN ERLÖSCHEN
DIE STERNE.

[JEAN BAUDRILLARD]

Erfolg ersetzt alle Argumente.

[SIGMUND GRAFF]

Vielleicht ist das

Lachen eine der größten

Erfindungen Gottes.

[EPHRAIM KISHON]

Die Welt ist ein Schauplatz:

Du kommst, du siehst und

gehst vorüber.

[MATTHIAS CLAUDIUS]

Wir sollten von den

Chinesen lernen –

die haben das gleiche

Schriftzeichen

für Krise und Chance.

[RICHARD VON WEIZSÄCKER]

MAN SIEHT
NUR MIT DEM
HERZEN GUT.

[ANTOINE DE SAINT-EXUPÉRY]

♥

Die Gleichgültigkeit

ist wie das Eis an den Polen:

Sie tötet alles.

[HONORÉ DE BALZAC]

Machen Sie sich
erst einmal unbeliebt,
dann werden
Sie auch ernst
genommen.

[KONRAD ADENAUER]

Viele Worte sind lange zu Fuß gegangen, ehe sie geflügelte Worte wurden.

[MARIE VON EBNER-ESCHENBACH]

Gerade der Kaktus braucht Sonne.

[WOLFGANG LETZ]

Wichtigtuer

erzeugen Wirbel, aber

keine Strömung.

[UNBEKANNT]

WENDE
DEIN GESICHT
IMMER DER
SONNE ZU,
DANN FALLEN DIE
SCHATTEN
HINTER DICH.

[AUS THAILAND]

Je weniger Dinge
man auf Erden wichtig
nimmt, desto näher
kommt man den wirklich
wichtigen Dingen.

[FEDERICO GARCÍA LORCA]

Glück ist der Stuhl,

der plötzlich dasteht,

wenn man sich

zwischen zwei andere

setzen wollte.

[GEORGE BERNARD SHAW]

ES LIEBT DER MENSCH,

UND WAS ER LIEBT,

ENTSCHWINDET.

[WILLIAM BUTLER YEATS]

Fahre nie schneller

als dein Schutzengel

fliegen kann.

[AUS DEUTSCHLAND]

Wenn man mich mit
der verdammten Pflicht,
glücklich zu sein,
verschont, kann ich ganz
leidlich sein.

[CHRISTOPH SCHREMPF]

Wer sich an andre hält,

dem wankt die Welt.

Wer auf sich selber ruht,

steht gut.

[PAUL HEYSE]

Wenn du ein Gespenst

siehst und davor wegläufst,

verfolgt es dich.

Wenn du aber drauf zugehst,

verschwindet es.

[AUS IRLAND]

NEUE FREUDEN, NEUE SCHMERZEN.

[WOLFGANG AMADEUS MOZART]

Mut ist ein **dritter** Arm.

[AUS DEUTSCHLAND]

Man muß ins

Gelingen verliebt sein,

nicht ins Scheitern.

[ERNST BLOCH]

Nur Weise sind
im Besitz von Ideen;
die meisten Menschen
sind von Ideen
besessen.

[SAMUEL TAYLOR COLERIDGE]

Die Arbeit läuft nicht davon,

während du dem

Kind den Regenbogen zeigst.

Aber der Regenbogen

wartet nicht.

[UNBEKANNT]

SEID EUCH

SELBER EINE

INSEL DER

ZUFLUCHT.

[GAUTAMA BUDDHA]

Eifersucht ist Angst

vor dem Vergleich.

[MAX FRISCH]

Sucht einer dem

Regenbogen ganz nahe zu kommen,

so verschwindet dieser.

[THEODOR W. ADORNO]

Die Dummheit

drängt sich vor, um gesehen

zu werden.

Die Klugheit steht zurück,

um zu sehen.

[CARMEN SYLVA]

DER MENSCH SETZT
RUHM AN WIE
DAS SCHWEIN FETT.

[AUS DER MONGOLEI]

Nur

wer früh seine Seele weit

auszuspannen gelernt,

vermag später die ganze Welt

in sich zu erfassen.

[STEFAN ZWEIG]

Leben ist das,

was dir passiert, während du dabei bist,

andere Pläne zu schmieden.

[JOHN LENNON]

Ich weiß, warum die Zehn Gebote
Gottes so völlig eindeutig
klar und unmißverständlich sind;
sie wurden nämlich nicht
auf einer Konferenz beschlossen.

[KONRAD ADENAUER]

Wertvoller

Mensch ist streitlos.

Streitender

Mensch ist wertlos.

[LAOTSE]

Der Lack hält nur,

wenn die *Grundierung*

stimmt.

[UNBEKANNT]

Wer

Menschen führen will,

muß hinter ihnen gehen.

[LAOTSE]

Den Schlüssel zum Erfolg
kenne ich nicht.
Der Schlüssel zum Scheitern
ist der Versuch,
es allen recht zu machen.

[BILL COSBY]

Wenn die Nacht
am *tiefsten* ist, ist der
Tag am *nächsten*.

[UNBEKANNT]

Quintessenz des Glücklichseins: nicht von etwas, für etwas leben.

[MARC RODEN]

DER LETZTE

ERNST DER DINGE

IST HEITER.

[RENÉ SCHICKELE]

Jede Blume

hat ihren Platz unter der Sonne.

Jeder Mensch hat einen Traum.

Jeder Mensch hat einen Himmel

über seiner Wunde.

[UNBEKANNT]

Im Menschen sitzt

ein Verräter,

der Eitelkeit heißt.

[UNBEKANNT]

Wenn deine Grundsätze

dich traurig machen, verlaß dich

drauf: Sie sind *falsch*.

[ROBERT LOUIS STEVENSON]

Vielleicht gibt es schönere Zeiten, aber diese ist die unsere.

[JEAN-PAUL SARTRE]

ES GIBT KEINE

GRÖSSE, DIE NICHT

AUF ÜBERWINDUNG

UND ENTSAGUNG

RUHTE.

[ROMANO GUARDINI]

Je dunkler
es um uns wird,
desto mehr müssen wir
die Herzen öffnen
für das Licht von oben.

[EDITH STEIN]

Diplomatie ist,

den Hund so lange zu streicheln,

bis der Maulkorb fertig ist.

[UNBEKANNT]

Schade, daß die meisten

sofort aufhören zu rudern,

wenn sie ans Ruder kommen.

[ALFRED POLGAR]

Beschwichtigen heißt,

ein Krokodil zu füttern,

in der Hoffnung,

daß es einen zuletzt frißt.

[WINSTON CHURCHILL]

Was ist die Welt?

Das, worin Vergehen

waltet.

[GAUTAMA BUDDHA]

ALLES, WAS

LANGE WÄHRT,

IST LEISE.

[JOACHIM RINGELNATZ]

Man muß sich **irren**,

man muß unvorsichtig sein, man muß

verrückt sein. Sonst ist man krank.

[JACQUES BREL]

In jedem

von uns steckt noch

ein Rest von dem

kindlichen Gefühl, daß es

verboten sein müßte,

uns das Glücklichsein

zu verbieten.

[JEAN-CHARLES DE CASTELBAJAC]

KÜHLE IST

EINE FLUCHT VOR

DEM LEBEN.

[BETTY FRIEDAN]

Geld ist immer vorhanden,

aber die *Taschen*

wechseln.

[GERTRUDE STEIN]

Es wäre doch möglich,

das **Leben** als einen heiteren

Schreittanz zu betrachten.

[UNBEKANNT]

Streß ist

immer noch der größte

Herzensbrecher.

[GERHARD UHLENBRUCK]

WIE OFT
SCHLÄGT UNGEDULD
TÜREN ZU,
DIE EBEN AUFGEHEN
WOLLTEN.

[LOUISE HODEK]

Für *freie* Menschen
sind Drohungen
wirkungslos.

[CICERO]

Die beiden größten
Tyrannen der Erde:
der Zufall und die Zeit.

[JOHANN GOTTFRIED VON HERDER]

Angst ist die Dunkelkammer, in der Negative entwickelt werden.

[MICHAEL PRITCHARD]

Eine Flaumfeder

kann einen Kieselstein

rund schleifen,

sofern sie von der Hand

der Liebe geführt wird.

[HUGO VON HOFMANNSTHAL]

Sorgen ertrinken nicht

im Alkohol,

sie können schwimmen.

[HEINZ RÜHMANN]

Die menschlichen

Vorurteile sind wie jene

bissigen Hunde,

die nur Furchtsame

angreifen.

[ISOLDE KURZ]

GOTT

VERSPRICHT EINE

SICHERE LANDUNG,

ABER KEINE

RUHIGE REISE.

[AUS ENGLAND]

NICHTS IST

SO AUFREIZEND WIE

GELASSENHEIT.

[OSCAR WILDE]

Wisset,

daß das Geheimnis des Glücks

die Freiheit ist,

das Geheimnis der Freiheit

aber ist der Mut.

[PERIKLES]

Es gibt nur einen Fortschritt,

nämlich den in der Liebe.

[CHRISTIAN MORGENSTERN]

LIEBE IST EIN

PRIVATES

WELTEREIGNIS.

[ALFRED POLGAR]

JE MEHR EINER

WEISS, DESTO MEHR

BEZWEIFELT ER.

[VOLTAIRE]

Die Straßen des

geringsten Widerstands sind nur

am Anfang *asphaltiert.*

[HANS KASPAR]

RUHE

UND EINSAMKEIT

SIND DIE

ECHTEN GÜTER

UNSERER ZEIT.

[PABLO PICASSO]

Gewohnheiten

sind die Fingerabdrücke

des Charakters.

[ALFRED POLGAR]

Das Glück ist

die kurze Zeit, in der man

die Zeit vergißt.

[THOMANUS R. BÖKELMANN]

Wir ersticken, wenn wir uns *gewöhnen*.

[HUGO VON HOFMANNSTHAL]

Der Mensch gibt
ebenso schwer eine Furcht auf
als eine Hoffnung.

[OTTO LUDWIG]

ERFOLGE MUSS
MAN LANGSAM
LÖFFELN, SONST
VERSCHLUCKT MAN
SICH AN IHNEN.

[ERIKA PLUHAR]

Wir gehen mit dieser Welt um,

als hätten wir noch

eine zweite im Kofferraum.

[JANE FONDA]

Auch eine Pfütze spiegelt den *Himmel*.

[MAX BÖHM]

Vertrauen

Sie denen, die nach der

Wahrheit *suchen*,

und mißtrauen Sie denen,

die sie gefunden haben.

[ANDRÉ GIDE]

Wenn
du dir selbst nicht
vergeben hast,
wie kannst du dann
anderen verzeihen?

[DOLORES HUERTA]

Der Weise sucht,

was in ihm selber ist,

der Tor, was außerhalb.

[AUS CHINA]

Liebe geht, wohin sie will und

zu wem sie will, nach den

tieferen Gesetzen ihres Lebens.

[PRENTICE MULFORD]

JEDE SEELE IST

EINE AUSERWÄHLTE

LANDSCHAFT.

[PAUL VERLAINE]

Weil unser
einziges Nest unsere
Flügel sind.

[UNBEKANNT]

Die Schwere des Lebens
hebt sich eigentlich
nur in Augenblicken von uns.
Für diese Augenblicke
muß man leben.

[ROBERT MUSIL]

Probleme sind Botschaften.

[SHAKTI GAWAIN]

Wer den Tag mit

Lachen beginnt, hat ihn

bereits gewonnen.

[CICERO]

Trenne dich nie
von deinen **Illusionen!**
Wenn sie verschwunden sind,
wirst du weiter existieren,
aber aufgehört haben zu leben.

[MARK TWAIN]

MISSTRAUEN IST
EIN ZEICHEN VON
SCHWÄCHE.

[MAHATMA GANDHI]

Keine Straße ist

lang mit einem *Freund*

an deiner Seite.

[AUS JAPAN]

Feiere fröhlich den Tag.

Sei nicht traurig im Leben.

Sieh, niemand nimmt mit, was er besitzt,

und niemand kehrt zurück,

der dahingeschieden ist.

[AUS DEM ALTEN ÄGYPTEN]

Noch nie hat einer, der sich

willentlich krümmt,

andere aufzurichten vermocht.

[MENO DSE]

AUCH DIE

PAUSE GEHÖRT

ZUR MUSIK.

[STEFAN ZWEIG]

Alles,

was man vergessen hat,

schreit im Traum um Hilfe.

[ELIAS CANETTI]

Wer tiefer irrt, der wird auch tiefer *weise.*

[GERHART HAUPTMANN]

Am interessantesten

ist die Innenseite

der Außenseiter.

[JEAN GENET]

Einen ewigen Fehler
machen alle jene Menschen,
die sich unter Glückseligkeit
die Erfüllung ihrer
Wünsche vorstellen.

[LEO TOLSTOI]

Ein gut
angewendetes Leben
ist lang.

[LEONARDO DA VINCI]

Kein Mensch kann sich

ohne sein *Einverständnis*

wohl fühlen.

[MARK TWAIN]

IM KAMPF

ZWISCHEN DIR UND

DER WELT

UNTERSTÜTZE

DIE WELT.

[FRANZ KAFKA]

Auf Dauer nimmt
die Seele die *Farbe*
meiner Gedanken an.

[UNBEKANNT]

Kein Wissen

scheint schwerer zu erwerben

als die Erkenntnis,

wann man *aufhören* muß.

[JONATHAN SWIFT]

NACHWORT Schau dich doch um auf dieser schlechten Welt. Wo, bitteschön, wird denn da irgend etwas gut? Sei doch ehrlich. Hin und wieder hast du mal einen lichten Moment. Der baumelt dann verloren in einer schier unendlichen Reihe pechschwarzer Stunden. Die wichtigste Lektion des Lebens ist doch zu kapieren: „Das Paradies ist immer da, wo man nicht ist.“ DAS ist doch mal ein wahrer Spruch, einer, der auf alle Lebenslagen passt. Augen zu und durch, das ist die Quintessenz unserer Existenz. Nie und nimmer ein ALLES WIRD GUT. Mein Gott, wie lächerlich! Ja, schauen Sie sich doch um auf Gottes Erden, da gehen uns doch die Stichworte des Grauens schon so locker über die Lippen wie unsere liebste Zahnpasta-Marke: AIDS. Artensterben. Mafia. Überbevölkerung. Klima-Katastrophe. Krebs. Drogenproblem. Und dazu dann ALLES WIRD GUT…: Kriminell ist das, bestraft gehört das!

Und doch: Ich laufe immer noch frei rum, und dieses Buch ist nicht verboten! Im Gegenteil: Als ich mich dazu entschloss, die ZDF-Sendung LEUTE HEUTE allabendlich mit ALLES WIRD GUT zu beschließen, hätte ich mir niemals, niemals träumen lassen, dass diese drei Worte eine so starke Wirkung entfalten könnten. ALLES WIRD GUT geistert durch Feuilletons und Gazetten (da rümpft man natürlich die Nase), ALLES WIRD GUT wird mir in Zuschauerbriefen und Fernseh-Kritiken um die Ohren gehauen. Und doch: ALLES WIRD GUT ruft der Arbeiter vom Baugerüst herunter, ALLES WIRD GUT höre ich an der Kasse im Supermarkt, die Telefonistin im Call-Center säuselt ALLES WIRD GUT, wenn ich mich melde, und die Stewardess sagt's über den Bord-Lautsprecher. Schulterklopfend, kichernd, gröhlend, schüchtern bis scheu: ALLES WIRD GUT spiegelt sich immer in glänzenden Augen. Nie in Moll, immer in Dur.

Ziemlich häufig soll ich erklären, was ich denn nun damit meine. Klar tu ich das. Gerne. Natürlich habe ich mir dabei was gedacht. Nur: Eigentlich ist mir das viel zu intim, um es preiszugeben. Sprüche, geflügelte Worte schützen ja so schön. Sie speichern Weisheit, Sinn und Leben; persönliche Initialen sind kondensiert darin – aber verdeckt gespeichert, nicht öffentlich. Wenn ich also mein ALLES WIRD GUT erklären soll, dann mache ich es meistens ordentlich kompliziert: „Alles hat seinen Sinn", das sei vielleicht die große Schwester dieser drei Worte, doziere ich dann. Wenn ich schlechte wie gute Zeiten richtig lebe, nämlich intensiv – wenn ich die Botschaft suche, die mir das Leben bereit hält, verschlüsselt in allem, was mir begegnet – das heisst: Wenn ich annehme, was das Schicksal mir serviert – wenn ich Niederlagen akzeptiere und mich bemühe, daraus zu lernen – wenn ich für Höhenflüge dankbar bin und weiß: die nächste harte Landung kommt bestimmt ... wenn ich erkenne, dass jede Lebenswendung mich irgendwo hinführen will und ich schlichtweg wahrnehmen lernen muss, welche Lektion ich gerade absolviere: Dann spüre ich: ALLES WIRD GUT. Okay. Als ich letztens einmal wieder diese schöne, gedrechselte Erklärung von mir gab, unterbrach mich ein weiblicher LEUTE-HEUTE-Fan ganz freundlich: „Also, ich finde, Sie drücken damit eine starke Hoffnung aus." Genau, dachte ich. Die Hoffnung stirbt immer zuletzt. Aber sie stirbt. Und deshalb ist so ein ALLES WIRD GUT kein Spruch für jede Lebenslage. Natürlich nicht. Genauso vergänglich wie Glaube, Liebe, Hoffnung. Alles hat seine Halbwertzeit.

Gerade deshalb ist es so reizvoll, Gefühlswelt per Sinn-Spruch bewusst zu machen. Den Mief der Poesie-Alben abzuschütteln, ist dabei wohl eher weniger das Problem. Gute Sprüche sind geronnene Lebenserfahrung. Ein magischer Spruch im richtigen Moment verändert nicht das Leben – aber macht seine tiefsten Facetten bewusst: Glaube, Liebe, Hoffnung.

Und wem das zu kitschig und zu soßig erscheint, für den habe ich dieses Buch erst recht gemacht: Finden Sie DAS hier kitschig? „Von irgendeinem Punkt im Leben an sind Sie für Ihr Gesicht ganz allein verantwortlich." Und DAS hier ist viel zu kurz für Soße: ALLES WIRD GUT. Einer von beiden passt schon, oder etwa beide...?

Was Sie auf den vorangegangenen Seiten finden, ist eine kleine Auswahl aus meiner (lebenslangen) Sprüche-sammlerei. Brutal aus den Zusammenhängen gerissen, aufgeschrieben, rausgerissen, auswendig gelernt, was mich gerade tief berührte: Zitate, Belege für eine gewisse tiefe, warme, positive Grund-Annahme, die aus drei Worten besteht.

Nina Ruge